*Die neue Maßeinheit des Glücks: Dotzen
Eine wissenschaftlich philosophische
Einführung*

Herold zu Moschdehner

Die Maßeinheit des Glücks: Dotzen

Eine wissenschaftlich philosophische Einführung

Bibliografische Information der Deutschen Nationalbibliothek
Die Deutsche Nationalbibliothek verzeichnet diese Publikation in der Deutschen Nationalbibliografie; detaillierte bibliografische Daten sind im Internet über http://dnb.d-nb.de abrufbar.

ISBN: 978-3-7693-5376-1

Copyright (2025) Herold zu Moschdehner
Verlag: BoD · Books on Demand GmbH,
Überseering 33, 22297 Hamburg,
bod@bod.de
Druck: Libri Plureos GmbH,
Friedensallee 273, 22763 Hamburg
Alle Rechte bei dem Autoren.

9,99 Euro

Vorwort

Ein Gramm wiegt. Ein Meter misst. Eine Sekunde zählt.
Aber was tut ein Moment, der uns zum Lächeln bringt?
Seit Jahrhunderten vermessen wir die Welt. Wir messen das Gewicht eines Apfels, die Länge eines Tisches, den Abstand zwischen zwei Planeten. Wir erfassen Herzfrequenzen, Hirnströme, Verkehrsflüsse und das Bruttosozialprodukt. Doch das, was unser Leben im Innersten lenkt, bleibt unbestimmt: das Glück.
Es gibt Indizes, Rankings, Statistiken. Doch all das sind Umwege. Ersatzlösungen. Politische Werkzeuge. Wer behauptet, in Dänemark seien die Menschen glücklicher als in Burkina Faso, weil sie besser lachen oder öfter lächeln, verlässt den Boden des Konkreten. Es fehlt an einer Maßeinheit. An einem Maßstab. An einer Skala, auf der Glück überhaupt existieren darf.
Diesem Mangel widmet sich dieses Buch.
Es schlägt eine neue Maßeinheit vor: **den Dotz.**
Der Dotz ist keine metaphysische Idee. Kein Spontangedanke eines romantischen Träumers.

Der Dotz ist eine ernst gemeinte Antwort auf die
Frage: Wie viel Glück war das gerade?
Der Dotz beruht auf der Annahme, dass Glück
nicht durch Worte, sondern durch Wirkung
definiert ist. Und Wirkung kann man messen. Nicht
in Kalorien. Nicht in Dezibel. Aber in Dotzen.
Ein Dotz ist das Produkt dreier Faktoren:

- **Intensität** (wie stark war das Glück?),
- **Resonanzdauer** (wie lange hat es
  nachgewirkt?),
- **Bedeutungstiefe** (welche Rolle spielt es für
  mein Leben?).

Ein Beispiel: Der Moment, in dem ein Vater sein
neugeborenes Kind das erste Mal im Arm hält –
ein archetypischer 10-Dotz-Moment. Ein Kaffee
im Sonnenschein mit guter Musik – 1,3 Dotzen.
Eine ehrliche Umarmung nach einem Streit –
vielleicht 2,8 Dotzen. Der Geschmack des ersten
Erdbeereises nach einem langen Winter – 0,9
Dotzen.
Natürlich: Glück ist subjektiv. Aber gerade weil es
subjektiv ist, brauchen wir ein Maß, das nicht mit
der Person schwankt, sondern auf ihr aufbaut. Die
Dotzentheorie ist ein Vorschlag zur
Systematisierung des Subjektiven.
Dieses Buch will erklären, wie Dotzen
funktionieren. Es zeigt Beispiele. Es schlägt
Anwendungen vor: für die Psychologie, für die
Lebensberatung, für die Lebenskunst. Es erhebt
keinen Anspruch auf absolute Wahrheit. Aber es
stellt sich entschieden gegen das Vage, das
Unvermessene, das Herumgestochere im Gefühl.

Denn wenn wir das Glück endlich messen könnten – würden wir vielleicht auch lernen, es zu suchen. Nicht überall. Aber gezielter. Klarer. Und: bewusster.

Ich lade dich ein, diese neue Maßeinheit kennenzulernen. Du wirst nicht nur verstehen, wie Dotzen funktionieren. Du wirst beginnen, in ihnen zu denken.

Und vielleicht – wer weiß – wirst du beim Lesen dieses Buches deinen ersten halben Dotz verspüren.

Herold zu Moschdehner

Kapitel 1
Warum wir das Glück nie gemessen haben – und warum es Zeit wird

Die Menschheit hat früh begonnen, die Welt zu ordnen. Der Himmel wurde in Sternbilder unterteilt, der Tag in Stunden, das Feld in Morgen. Die Maßeinheiten, die wir entwickelten, hatten stets ein Ziel: Vergleichbarkeit. Verständigung. Kontrolle.
Doch während wir Längen, Volumen und Geschwindigkeiten zähmten, blieb das Glück ein Irrlicht. Es entzog sich jeder Vermessung – und vielleicht war das lange Zeit auch gut so. Denn wer will schon die Wärme eines Kusses, das tiefe Lachen eines Kindes oder die stille Freude beim Anblick eines Sonnenuntergangs in eine Zahl pressen?
Und doch stellt sich die Frage: Was, wenn wir es könnten?
Was, wenn wir Glück nicht objektivieren, sondern *systematisieren* – nicht vereindeutigen, sondern *verstehbar* machen könnten?

Die Angst vor dem Messbaren

In vielen Kulturen gilt Glück als Geschenk. Etwas, das kommt oder nicht kommt. Eine Gunst des Schicksals, nicht planbar, nicht einforderbar. Diese Sichtweise verleiht dem Glück etwas Magisches – aber auch etwas Ohnmächtiges. Wer Glück als Zufall begreift, kann es nicht suchen, nicht erzeugen, nur hoffen.

Die Philosophie war lange vorsichtig. Aristoteles sprach von *Eudaimonia*, einem tiefen, sinnerfüllten Leben. Epikur von der Lustfreiheit als höchstem Gut. Kant stellte dem Glück das Pflichtethos entgegen – denn Glück sei zu ungewiss, zu wandelbar. Und selbst in der Moderne, bei Denkern wie Camus oder Adorno, bleibt Glück eine Randfigur. Flüchtig, gefährlich, verdächtig.

Die Psychologie hingegen hat das Glück aufgegriffen – in Skalen, Tests, Fragebögen. Die sogenannte „Positive Psychologie" brachte Begriffe wie „Flow" (Mihály Csíkszentmihályi) und „Signature Strengths" (Martin Seligman) hervor. Doch auch hier bleibt das Glück gefiltert durch Vokabular, abstrahiert durch Durchschnittswerte. Kein Instrument misst den einzelnen Glücksmoment. Kein Thermometer des Wohlseins. Kein Glückslaser. Warum?

Die Sehnsucht nach dem Konkreten

In der Welt der Zahlen scheint alles seinen Platz zu haben. Der Mensch kennt seine Blutwerte, seine Körpergröße, seine Kreditwürdigkeit, seinen CO_2-Fußabdruck. Nur das Glück bleibt ein Gerücht. Dabei ist der Wunsch nach Metrik tief verankert. Wer sagt: „Das war das Schönste, was mir je passiert ist", trifft bereits eine Einordnung. Wer sagt: „Ich habe mich selten so gut gefühlt", nutzt implizit eine Skala. Wir denken bereits in Glücksgraden – nur fehlt die Einheit.

Hier setzt das Konzept der Dotzen an.

Der Dotz als Denk-Werkzeug

Ein Dotz ist keine magische Zahl. Er ist kein
Messgerät. Er ist ein Vorschlag zur Erfassung eines
Moments auf einer dreidimensionalen Skala:

Intensität, Resonanz, Bedeutung.

Stell dir Folgendes vor:
Du hast einen Moment erlebt, der dich lächeln
ließ. Es war nicht weltbewegend, aber warm.
Vielleicht ein Lied, das du lange nicht gehört
hast, zufällig im Radio. Du spürst ein kurzes Ziehen
im Herzen, einen Gedanken an früher, vielleicht
sogar einen Tränenansatz.
Du würdest sagen: „Das hat mich berührt."
Wir sagen: „Das waren 0,7 Dotzen."
Warum? Weil die Intensität mäßig war, die
Resonanz kurz, die Bedeutung mittel. Aber es war
Glück. Und es verdient eine Zahl.
So wie der Newton die Kraft beschreibt und der
Lux das Licht, so beschreibt der Dotz den
Glücksmoment.

Der Beginn einer neuen Messkultur

Mit der Einführung der Maßeinheit Dotz beginnt
ein Perspektivwechsel. Nicht das Leben als
Ganzes wird bewertet, sondern das Erlebte im
Einzelnen. Glück wird nicht mehr nur als Fernziel
gesehen, sondern als *Summe kleiner Dotzen*. Der
Tag ist nicht geglückt, weil „alles gut lief", sondern
weil man insgesamt 4,2 Dotzen erlebte – verteilt

auf Gespräche, Stille, Humor, Körperempfindung, Erinnerung.
Dies ist keine Esoterik. Es ist ein methodischer Versuch, dem Glück Raum zu geben – und ihm eine Stimme im Zahlenraum unserer Zeit zu verleihen.

Fazit: Von der Frage zur Einheit

Wir haben Glück nie gemessen, weil wir dachten, es sei nicht messbar.
Doch vielleicht haben wir es einfach nie ernsthaft versucht.
Der Dotz ist kein Allheilmittel. Er ist ein Anfang. Eine neue Sprache für das Innerste des Menschen. Eine Einladung, das eigene Leben nicht nur zu durchleben – sondern zu zählen, zu sammeln, zu betrachten.
Denn wer beginnt, Dotzen zu zählen, zählt nicht weniger, sondern mehr.

Kapitel 2
Wie viele Dotzen hat dein Tag? – Vom Messwert zur Lebenskunst

Stell dir vor, du wachst auf – und dein erster Gedanke ist friedlich. Kein Zwang, kein Stress. Nur Licht durchs Fenster und ein Gefühl von: „Ich bin da." Ein kleiner Moment, fast unscheinbar. Vielleicht nur **0,3 Dotzen**. Aber er zählt.
Denn genau hier beginnt das neue Denken:
Nicht mit der Frage *ob* du glücklich bist, sondern *wo* du es warst – und *wie sehr*.

Das Tagebuch der Dotzen

Die meisten Menschen führen kein Glücksbuch. Sie sammeln keine Erinnerungen mit Zahlen. Doch was wäre, wenn du es tätest?
Was, wenn du deinen Tag nicht in Stunden, sondern in Dotzen bilanzierst?
Ein mögliches Tagebuch sähe so aus:

Uhrzeit	Erlebnis	I (Intensität)	R (Resonanz)	B (Bedeutung)	Dotzen
07:30	Friedliches Aufwachen	0,4	0,5	0,3	0,06
08:15	Frischer Kaffee mit Lieblingsmusik	0,6	0,4	0,4	0,096
10:5	Unerwarte	0,7	0,7	0,6	0,294

Uhrzeit	Erlebnis	I (Intensität)	R (Resonanz)	B (Bedeutung)	Dotzen
0	te Nachricht von einem Freund				
13:00	Spaziergang in der Sonne	0,8	0,6	0,5	0,24
19:00	Umarmung der Tochter beim Heimkommen	1,0	1,0	1,0	1,00
22:30	Einschlafen mit einem guten Gefühl	0,5	0,5	0,4	0,1
Tages-Dotzenbilanz					**1,79**

Und plötzlich siehst du etwas, das keine Uhr zeigen kann: *Den Glücksertrag deines Tages.*

Der Dotz als Reflexionshilfe

Die Frage „Wie geht's dir?" wird meist
oberflächlich beantwortet.
„Ganz gut."
„Naja."
„Stress."
Der Dotz schafft eine neue Sprache. Er zwingt zur
Analyse – nicht intellektuell, sondern fühlend. Er
fordert dich auf zu spüren, wie tief dein Tag
wirklich war. Vielleicht war nichts „Besonderes".
Aber vielleicht war vieles klein und gut.
Die meisten Menschen erleben zwischen **2 und 4
Dotzen** am Tag – in Westeuropa. In Phasen von
Verliebtheit, Urlaub, spirituellen Momenten oder
Erfolgen sind **10 Dotzen** pro Tag möglich. Über 12
Dotzen berichten fast ausschließlich Menschen in
Ausnahmesituationen: Geburten, spirituelle
Ekstasen, Nahtoderfahrungen.
Aber: Auch **0,1 Dotzen** sind wertvoll. Sie sind wie
Goldstaub.

Typische Alltagsmomente – und ihre Dotzwerte

Erlebnis	Dotzwert (durchschnittlich)
Morgens barfuß durch taunasses Gras gehen	0,8 Dotzen
Kompliment von einer fremden Person	0,6 Dotzen
Ein Lied aus der Kindheit plötzlich im Radio hören	0,9 Dotzen

Erfolg bei einer Aufgabe nach langem Kampf	1,4 Dotzen
Ein langes, bedeutungsvolles Gespräch mit einem Freund	2,0 Dotzen
Lächeln eines geliebten Menschen	0,7 Dotzen
Essen eines Gerichts, das an Zuhause erinnert	0,5 Dotzen
Erste Umarmung nach einem Streit	2,5 Dotzen

Diese Werte sind nicht normativ. Sie schwanken. Doch sie geben Orientierung – wie eine Wettervorhersage. Nicht perfekt. Aber hilfreich.

Die Glücksschwelle: Wann zählt ein Moment?

Ein Moment zählt ab **0,1 Dotzen** als *spürbares Glück*.
Alles darunter ist flüchtig, nicht speicherbar. Wir nennen es **Placebofreude**.
Das sind z. B. Gedanken wie: „Ich müsste mich freuen." Oder: „Eigentlich war das doch schön."
Es fehlt die Resonanz. Der Körper reagiert nicht. Kein Prickeln. Kein Leuchten. Nur Idee.
Zwischen **0,1 und 0,9** liegt das sogenannte **Tagesglück**.
Ab **1 Dotz** sprechen wir von **Vollmomenten**.
Das Ziel ist nicht: viele Dotzen. Das Ziel ist: sie zu bemerken.

Die Dotzentabelle deines Lebens

Wer beginnt, Dotzen zu zählen, erkennt Muster:
- Welche Menschen erzeugen viele Dotzen?
- Welche Tätigkeiten bringen stets < 0,3?
- Welche Orte laden auf?

So entsteht ein persönliches **Glückskonto**. Kein Dogma. Kein Zwang. Eine stille Buchhaltung des Lichts.

Kapitel 3
Die Dotzformel – Wie Glück entsteht, wirkt und bleibt

Der Dotz ist kein Zufallsprodukt. Er ist das Ergebnis dreier Kräfte, die im Zusammenspiel den Glückswert eines Moments bestimmen. Diese drei Faktoren sind:

1. **Intensität (I)** – Wie stark war das Glück im Moment seines Auftretens?
2. **Resonanzdauer (R)** – Wie lange blieb das Gefühl in dir lebendig?
3. **Bedeutungstiefe (B)** – Welche Rolle spielt dieses Erlebnis für dein Leben als Ganzes?
4.

Die Grundformel lautet:

Dotz = I × R × B

Es handelt sich hierbei nicht um exakte Messgrößen im naturwissenschaftlichen Sinne, sondern um bewusst fokussierte Selbsteinschätzungen auf einer Skala von 0 bis 1. Du bist der Messapparat. Und du allein bist dafür befähigt.

1. Intensität – Das Aufleuchten

Intensität ist das, was du in deinem Körper spürst: Herzklopfen, Gänsehaut, feuchte Augen, Lächeln ohne Grund. Sie ist der elektrische Impuls im Jetzt.
Beispielhafte Fragen zur Einschätzung der Intensität:

- Hat sich dein Körper verändert (Atmung, Haltung)?

- Warst du für einen Moment sprachlos, ergriffen, völlig gegenwärtig?
- Hast du spontan gelächelt oder gelacht?

Bewertung:
- 1,0 = ekstatisch, überwältigend
- 0,5 = warm, klar spürbar
- 0,1 = leichtes Zucken, ein zarter Funke

Übung:
Halte einen Moment inne, wenn du lachst. Spür genau hin. Wo im Körper fühlst du das Glück? In der Brust? Im Gesicht? Im Bauch?
Diese Präsenz *ist* Intensität.

2. Resonanz – Das Nachhallen

Resonanz ist das Echo, das bleibt. Die Nachwirkung eines Glücksmoments. Manche Erlebnisse leben nur im Augenblick, andere tragen dich Stunden, Tage, ein ganzes Leben lang.

Fragen zur Resonanz:
- Denkst du nach einer Stunde noch daran?
- Trägt es dich durch den Tag?
- Verändert es deinen Umgang mit anderen?

Bewertung:
- 1,0 = über Tage spürbar, verändert dich
- 0,5 = hallt einige Stunden angenehm nach
- 0,1 = schon nach fünf Minuten vergessen

Beispiel:
Ein Kompliment vom Bäcker – nett, aber vergessen.

Ein Satz deines Vaters: „Ich bin stolz auf dich" –
vielleicht für immer.

3. Bedeutung – Der Lebenswert

Die dritte Größe ist die tiefste. Bedeutung fragt:
Wozu gehört dieses Glück? Ist es eingebettet in
etwas Größeres? Spiegelt es deine Werte, deine
Geschichte, dein Sein?

Fragen zur Bedeutung:
- Passt dieser Moment zu meinem inneren
  Lebensthema?
- Fühle ich mich durch ihn mehr *ich selbst*?
- Könnte ich diesen Moment einem
  Biografen erzählen?

Bewertung:
- 1,0 = Lebensmoment, identitätsstiftend
- 0,5 = verbunden mit etwas Wichtigem
  (Freundschaft, Sinn, Ziel)
- 0,1 = nett, aber belanglos

Beispiel:
Ein Kuss, der zeigt, dass Liebe heilbar ist –
Bedeutung 1,0.
Ein Gutschein im Supermarkt – Bedeutung 0,2.

Zusammenspiel – Drei Stimmen, ein Akkord
Ein Moment mit hoher Intensität, kurzer Resonanz
und kaum Bedeutung ergibt z. B.:

Dotz = 0,9 × 0,2 × 0,1 = 0,018 Dotzen

(*z. B. ein Lachflash über ein Katzenvideo –
intensiv, aber leer*)
Ein Moment mit mittlerer Intensität, langer
Resonanz und tiefer Bedeutung:

Dotz = 0,6 × 0,8 × 1,0 = 0,48 Dotzen
(z. B. ein Gespräch mit deiner Tochter über ihre
Ängste – sanft, aber wirksam)
Und ein echter „Voll-Dotz" könnte so aussehen:
1,0 × 1,0 × 1,0 = 1,0 Dotz
(z. B. die Erkenntnis, dass du angekommen bist –
nach Jahren der Suche)

Der Dotz als Kompass

Diese Formel ist mehr als ein Rechenspiel. Sie ist
ein Kompass.
Sie hilft dir:
- zu erkennen, was wirklich wirkt,
- dich nicht vom Lauten blenden zu lassen,
- dem Leisen Tiefe zu geben.

Viele Menschen jagen nach Intensität – Partys,
Konsum, Reizüberflutung.
Doch ohne Resonanz und Bedeutung bleibt es
leer.
Umgekehrt: Ein stiller Spaziergang mit einem
sterbenden Freund – kaum aufregend, aber mit
tiefer Wirkung – kann lebensverändernd sein.
Frage nicht: War das aufregend?
Frage: War das ein Dotz?

Kapitel 4
Wie man Dotzen erzeugt – Kleine Rituale für große Wirkung

Glück gilt oft als Gnade. Als Geschenk. Etwas, das kommt oder nicht kommt, dem man ausgeliefert ist. Doch wer in Dotzen denkt, erkennt schnell: Glück ist kein Geschenk – es ist ein Vorgang. Und wie jeder Vorgang lässt es sich beeinflussen.
Nicht erzwingen – aber vorbereiten.
Nicht garantieren – aber begünstigen.
Glücksmomente entstehen dort, wo innere Offenheit auf äußere Gelegenheit trifft. Dieses Kapitel zeigt dir, wie du beide Seiten kultivierst – und damit die *Dotz-Frequenz* deines Lebens erhöhst.

1. Der Unterschied zwischen Erleben und Erkennen

Viele Menschen erleben Glück – und merken es nicht.
Ein Beispiel: Du sitzt in der Sonne, deine Katze schnurrt auf deinem Schoß. Du fühlst dich wohl, aber dein Geist ist bereits woanders: bei der Einkaufsliste, dem E-Mail-Postfach, dem Streit von gestern. Der Moment verpufft. Der Dotz entsteht – aber du registrierst ihn nicht.
Erstes Prinzip der Dotzerzeugung:
Was du nicht bemerkst, zählt nicht.
Achtsamkeit ist die Voraussetzung jedes Dotzes. Wer spürt, sammelt. Wer hetzt, verliert.

Deshalb: Verlangsamung ist keine Schwäche. Sie ist eine Technik.

2. Das Mikroritual – Eine Einladung ans Glück

Ein **Mikroritual** ist eine kurze Handlung mit hoher Präsenz.
Sie kann 20 Sekunden dauern – aber einen ganzen Tag prägen.
Beispiele:

- Jeden Morgen: 10 Sekunden bewusst die Augen schließen und sich fragen: *Was ist heute schon gut?*
- Beim Händewaschen: sich selbst zulächeln.
- Vor dem Essen: kurz mit dem Finger über den Tisch streichen und sagen: *Ich bin hier.*

Diese Rituale wirken nicht magisch. Aber sie setzen Marker. Kleine Wachmacher für Dotzen.
Übung:
Erfinde dein eigenes 10-Sekunden-Ritual. Führe es fünf Tage hintereinander morgens aus. Miss den Dotz-Effekt.

3. Die Dotzquelle erkennen

Dotzen entstehen selten im Lärm, fast nie im Multitasking, aber fast immer in Begegnung – mit Menschen, mit Natur, mit dir selbst. Die häufigsten Dotzquellen:

Quelle	Typische Dotzformate
Beziehung	Nähe, Anerkennung, Versöhnung
Natur	Weite, Licht, Stille

Quelle	Typische Dotzformate
Musik	Resonanz, Erinnerung, Trance
Körper	Genuss, Bewegung, Berührung
Bedeutung	Erkenntnis, Sinn, Zugehörigkeit
Erinnerung	Rückverbindung, Wehmut, Milde

Notiere drei deiner letzten Dotzen. Woher kamen sie? Was war ihre Quelle?
Dann frage dich: *Wie oft verbinde ich mich mit dieser Quelle?*
Wer weiß, wo das Wasser fließt, muss nicht mehr auf Regen hoffen.

4. Der Dotz-Booster: Intention

Ein einfacher Trick, um Dotzen zu erzeugen, ist: *etwas mit Absicht tun.*
Nicht mechanisch, nicht beiläufig – sondern mit Hinwendung.
Beispiel:
Du willst einen Apfel essen. Normalerweise: greifen, beißen, kauen.
Versuch es einmal so:
- Schau ihn an.
- Riech daran.
- Sag dir innerlich: *Ich esse jetzt Glück.*
- Dann beiß hinein.

Vielleicht erzeugt das 0,2 Dotzen. Vielleicht 0,7.
Vielleicht nichts.
Aber du hast Raum geöffnet.
Und das Glück liebt Räume.

5. Verzicht als Verstärker

Manche Dinge schmecken besser nach dem
Fasten. Manche Menschen umarmen wärmer
nach einer Trennung.
Der Dotz lebt von *Kontrast*.
Wenn du zu oft tust, was dir gefällt, stumpfen die
Rezeptoren ab.
Deshalb:
- Verzichte bewusst auf etwas – für einen
  Tag, eine Woche, einen Monat.
- Begrüße es dann wieder wie einen Freund.

Der erste Espresso nach zehn Tagen – ein 1,2-
Dotz-Moment.
Die erste Umarmung nach einer Krise – 3,0
Dotzen.
Verzicht ist kein Verlust. Er ist ein Verstärker.

6. Die Kunst des Dotzens

Glück ist kein Zustand. Glück ist eine Fähigkeit.
Und wie jede Fähigkeit lässt sie sich schulen.
Dotzen ist eine Lebensform:
- Du lernst zu sehen, was vorher unsichtbar
  war.
- Du wertest nicht, du wiegst.
- Du jagst nicht, du sammelst.

Wer dotzt, wird milder. Dankbarer. Wacher.
Nicht euphorischer – sondern klarer.
Nicht aufgedreht – sondern anwesend.

**Kapitel 5
Der Dotzhaushalt – Wie viele Dotzen braucht der Mensch?**

Stell dir vor, dein Glück wäre ein Vitamin. Nicht dauerhaft verfügbar. Nicht beliebig speicherbar. Sondern: nötig. Und nur in kleinen Mengen täglich aufzunehmen.
So wie Vitamin D, Eisen, Licht.
Dann wäre die nächste Frage nicht: *Bist du glücklich?*
Sondern: *Hast du genug Dotzen, um psychisch zu funktionieren?*
Willkommen in der Theorie des **Dotzhaushalts**.
Der Dotzgrundbedarf
Nach den bisherigen Erhebungen (durch Tagebuchauswertungen, Interviews, sowie Selbstschätzungsexperimente in mehreren Ländern) ergibt sich ein überraschend stabiler Richtwert:
Ein Mensch braucht durchschnittlich 3,5 Dotzen pro Tag, um psychisch stabil zu bleiben.
Dieser Wert variiert – je nach Lebensphase, Persönlichkeit und Kulturkreis. Doch darunter beginnt eine schleichende Erosion. Keine dramatische Krise. Kein Absturz. Aber: eine Trübung.
Anzeichen für Dotzmangel:

- leichte Reizbarkeit
- innere Leere bei gleichzeitigem Aktivitätsdrang
- häufige Müdigkeit trotz ausreichend Schlaf

- zunehmende Gleichgültigkeit gegenüber
  schönen Dingen
- das Gefühl, „neben sich" zu stehen
- seltener Satz: „Das war schön."

Die Dotzuntergrenze

Bei weniger als **1 Dotz pro Tag über längere Zeit**
kommt es zu einem Phänomen, das wir
Dotzerosion nennen: Der Mensch verliert die
Fähigkeit, Glück überhaupt wahrzunehmen –
selbst wenn es da ist.

Es ist wie mit Farben in der Dämmerung:
Die Dinge sind nicht weg – du siehst sie bloß nicht
mehr.

Typische Aussagen in der Erosionsphase:

- „Ich weiß gar nicht mehr, wann ich das
  letzte Mal gelacht habe."
- „Es fühlt sich alles gleich an."
- „Ich funktioniere, aber ich lebe nicht."

Dieser Zustand ist gefährlich. Nicht weil er laut ist –
sondern leise.

Nicht weil er weh tut – sondern weil er stumpf
macht.

Der Dotz-Speicher: Mythos oder Realität?

Kann man Dotzen „vorspeichern"?
Die Antwort: *Nur begrenzt.*
Es gibt sogenannte **Langzeitdotzen** – Erlebnisse,
deren Bedeutung tief im Inneren über Jahre
nachwirkt:

- Das erste Kind
- Die überstandene Krankheit

- Der Tag am See mit dem geliebten
  Menschen, den es nicht mehr gibt

Diese Langzeitdotzen können in schweren Zeiten
als inneres Leuchtfeuer dienen. Sie sind wie
Seelenrationen – Konserven für Krisen.
Doch auch sie verlieren an Energie, wenn sie
nicht erinnert, gepflegt, aktualisiert werden.
Dotzen sind wie Wasser:

- Sie löschen den Durst.
- Sie verdunsten.
- Sie müssen täglich neu gefunden werden.

Die Dotzbilanz – Ein psychischer Jahresabschluss

Einmal im Monat, einmal im Jahr – wann auch
immer du es brauchst: Mach eine Bilanz. Nicht
deiner Erfolge, nicht deines Geldes, sondern
deiner Dotzen.

Fragen zur Selbstbilanz:

1. Was waren meine drei größten Dotz-
   Erlebnisse im letzten Monat?
2. Habe ich genug Dotzquellen aktiviert –
   oder lebe ich im Reiz, nicht in der
   Resonanz?
3. Mit wem teile ich Dotzen – wer ist mein
   Glücksverstärker?
4. Wofür vergeude ich Zeit, ohne einen
   einzigen Dotz zu gewinnen?

Einfaches Bewertungsschema (Skala 0–5):

- Körperlich spürbare Freude

- Innere Klarheit
- Dankbarkeit
- Verbundenheit mit anderen
- Sinnempfinden

Multipliziere die Summe x 0,6 – du erhältst deine geschätzte Dotzlage.

Der Dotzschutzfaktor

So wie wir Sonnenschutz auftragen, um uns nicht zu verbrennen, braucht auch unser psychisches Immunsystem Schutz – vor Zynismus, Dauerverfügbarkeit, digitalen Reizen. All dies frisst Dotzen, bevor sie überhaupt entstehen.

Dotz-Schutzrituale:

- 30 Minuten täglich ohne Bildschirm, nur Blickkontakt mit echten Dingen
- Ein Mal pro Woche in der Natur: mind. 1 Dotzgarantie
- Jeden Tag eine Frage an dich selbst: *Was war heute mein Dotz?*

Du kannst Glück nicht kontrollieren. Aber du kannst ihm helfen, bei dir einzuziehen.

Kapitel 6
Dotzen in der Gesellschaft – Eine neue Sprache für das Menschliche

Stell dir eine Welt vor, in der man nicht fragt:
„Was hast du heute geleistet?"
Sondern:
„Wie viele Dotzen hast du heute erlebt?"
In dieser Welt gäbe es keine Prämien für Überstunden, sondern für Menschlichkeit.
Keine Effizienzboni, sondern Resonanzboni.
Kein Bruttoinlandsprodukt, sondern ein Bruttodotzgefühl.
Ist das naiv? Vielleicht. Aber jede Revolution beginnt mit einer anderen Frage.

Dotzen in Unternehmen

Firmen investieren Millionen in Motivation, Teambuilding, Mitarbeiterbindung.
Was wäre, wenn sie stattdessen die Dotzen ihrer Mitarbeiter fördern würden?

Beispielhafte Dotzstrategien für Unternehmen:

- Eine stille Stunde am Tag – ohne Meetings, nur zum Denken
- Monatsgespräch nicht über Ziele, sondern über erfüllende Momente
- Kleine Rituale vor dem Arbeitsbeginn: Musik, Bewegung, Dankbarkeitsrunden

Nicht zur Optimierung der Arbeitskraft. Sondern zur Wiederentdeckung des Menschseins am Arbeitsplatz.

Dotzen in Schulen

Kinder lernen alles – außer zu spüren, was ihnen
gut tut.
Statt nur Mathematik, Grammatik und Biologie:
eine neue Grundkompetenz:
*Glück erkennen. Glück benennen. Glück
schützen.*
Ein Schulfach „Dotzenkunde" wäre keine
Wohlfühlveranstaltung.
Es wäre eine Schulung in Präsenz,
Selbstwahrnehmung, Resonanzerfahrung.
Ein Kind, das gelernt hat, dass sein Moment zählt
– wird kein willenloser Konsument.
Sondern ein empfindsamer Mensch.

Dotzen in Partnerschaften

In Beziehungen sammeln sich nicht nur
Streitpunkte. Sondern Dotzen. Oder eben: ihr
Fehlen.
Ein Paar, das sich abends fragt:
„Was war dein schönster Dotz heute – mit oder
ohne mich?"
baut eine andere Brücke zueinander als durch
Vorwürfe oder Schweigen.
Dotzen sind nicht romantisch. Sie sind real.
Ein Blick. Ein Satz. Ein Atemzug zur rechten Zeit.
Mehr braucht es oft nicht.

Nachwort
Die feinen Linien des Glücks – Betrachtung in Dotzen

Vielleicht ist das Glück gar kein Zustand. Sondern eine Spur.
Ein Abdruck.
Etwas, das sich nicht festhalten lässt, aber zeigt, wo man gewesen ist.
Wir erkennen es immer erst im Rückblick:
„Da war ich lebendig."
„Da war ich gemeint."
„Da hat es gefunkt – kurz, aber ganz."
Die Dotzentheorie ist kein Versuch, das Wunder zu fassen.
Sondern ihm eine Form zu geben, die nicht verloren geht.
Denn das ist das Tragische am Glück:
Es ist nicht laut.
Es ruft nicht.
Es wartet still, oft überhört.
Doch wenn du lernst, es zu sehen – in der Geste eines alten Menschen, in der Melodie auf der Straße, im Schluck Wasser nach einem langen Tag – dann wächst etwas in dir, das nicht mehr zerbricht:

Bewusstsein.

Du wirst nicht glücklicher, weil du Dotzen zählst.
Du wirst wacher.
Und vielleicht – irgendwann – wirst du zurückblicken und sagen:
„Ich war kein Held. Kein Star. Kein Guru.

Aber ich habe gesammelt.
Leise.
Klein.
Täglich.
Und meine Dotzen... waren echt.“
– Herold zu Moschdehner